《重刻靈山正宏集》

清　釋本果撰

郭思恩　陳琳藩整理

據汕頭郭思恩先生藏本影印

《潮汕文庫》大型叢書組委會

《潮汕文庫》大型叢書編委會

潮汕文庫·文獻系列

重刻靈山正宏集

（清）釋本果 撰
郭思恩 陳琳藩 整理

暨南大學出版社
JINAN UNIVERSITY PRESS
中国·广州

圖書在版編目（CIP）數據

重刻靈山正宏集/（清）釋本果撰；郭思恩，陳琳藩整理．—廣州：暨南大學出版社，2016.8
（潮汕文庫．文獻系列）
ISBN 978－7－5668－1687－0

Ⅰ.①重… Ⅱ.①釋…②郭…③陳… Ⅲ.①佛教—文集 Ⅳ.①B948－53

中國版本圖書館CIP數據核字（2015）第287661號

重刻靈山正宏集
CHONGKE LINGSHAN ZHENGHONGJI
（清）釋本果 撰　郭思恩 陳琳藩 整理

出 版 人：徐義雄
項目統籌：黃聖英
責任編輯：吳筱穎
責任校對：黃志波 黃 穎
責任印製：湯慧君 王雅琪

出版發行：暨南大學出版社（510630）
電　　話：總編室（8620）85221601
　　　　　營銷部（8620）85225284 85228291 85228292（郵購）
傳　　真：（8620）85221583（辦公室） 85223774（營銷部）
網　　址：http://www.jnupress.com http://press.jnu.edu.cn
排　　版：廣州市天河星辰文化發展部照排中心
印　　刷：廣州市新怡印務有限公司
開　　本：787mm×1092mm 1/16
印　　張：7.75
字　　數：148千
版　　次：2016年8月第1版
印　　次：2016年8月第1次
定　　價：25.00圓

總序

潮汕文化歷千年久遠，底蘊淵深，泱泱廣袤，又伴隨着潮人的遷播而兼收并蓄，獨樹一幟，是中華文明中的重要一脉。

秦漢之前，潮汕囿於海角一隅，與中原殆少來往；自韓愈治潮，興學重教，風氣日開，人文漸著。宋朝文教興盛，前七賢垂範鄉邦；明朝人才輩出，后八賢稱顯於時。明清以來，粤東地區藉毗鄰大海的地理優勢，與域外商貿頻仍，以陶朱端木之業，成中西交匯之勢，造就多元開放的文化格局。饒宗頤等學界巨匠引領風騷，李嘉誠等商海翹楚造福民生，俊采星馳，彬彬稱盛。

而今國家穩步發展，蓬勃興盛，潮汕地區憑藉深厚的歷史積澱，務實進取，努力發展傳統文化及其産業，如潮劇、潮樂、潮菜、工夫茶、陶瓷、木雕、刺綉等，保持并革新精巧特色，在世界各地廣泛傳播，備受青睞。更有海外潮人遍布全球，爲經濟文化交流引橋導路，探索共赢模式，拓寬發展空間。

爲促進潮汕文化的傳承與創新，進一步推動潮汕文化『走出去』，在廣東省委宣傳部的大力支持下，海内外學者編寫《潮汕文庫》大型叢書。本叢書包括文獻系列和研究系列，涉及歷史、文學、方言、民俗、曲藝、建築、工藝美術等多方面，囊括影印、箋註、點校、碑銘、圖文集、口述史等多種形式，始終秉承整理、搶救傳統文化的原則，尊重潮汕地區的家學淵源和治學傳統。以一腔丹心，在歷史沿襲中爲文化存證，修舊如舊，求新而不媚俗於新；以一筆質樸，在字斟句酌中爲品質立言，就事論事，求全而不迷失於全；以一紙懇切，在紛擾喧囂中爲細節加冕，群策群力，求深而不盲目於深。惟願以此叢書，提升潮汕文化品位，凝聚海内外潮人，齊心發展，助力騰飛。

在成書過程中，廣東省委宣傳部高度重視，協調汕頭、潮州、揭陽、汕尾市委宣傳部，委託潮汕歷史文化研究中心、韓山師範學院、暨南大學出版社組織編寫與出版。海内外潮學研究專家傾注筆墨，潮汕歷史文獻收藏機構及熱心人士鼎力襄助，更蒙粤東籍一批著名藝術家慷慨捐贈寶貴書畫作品助力出版，在此一并致謝！

《潮汕文庫》大型叢書編委會

二〇一六年七月

張儒納釋弗相違

——淺釋《重刻靈山正宏集》

陳琳藩　郭思恩

一

即將影印的這本《重刻靈山正宏集》，全書由卷前、《正弘集》、卷末三部分組成。卷前內容包括了《靈山總圖》、《靈山八景》、釋本果《正□集原序》；《正弘集》收錄了釋了性《潮州大顛祖師本傳》，韓愈《昌黎韓公請師三書》，孟簡《大顛別傳》（按：即《退之別傳》。饒鍔《潮州藝文志》云：『大顛二字，乃退之之僞。宋人所見，皆《退之別傳》，無云大顛者。疑其作大顛，亦本果所擅改也。』），歐陽修《別傳跋》，虞集《別傳贊》，周敦頤、蘇軾（按：此詩系明代潮陽詩人李愷所作，應爲本果將作者誤植爲蘇軾）、僧嘉砮鉤、趙次進、江用文（按：此詩見錄於隆慶《潮陽縣志》，署爲王用文所作，應爲本果輯錄時誤）、林仕猷、莊呈鼉、林照（按：此詩見錄於隆慶《潮陽縣志》，署爲林煦所作，亦本果輯錄時誤）、陳大器、陳江、尹鑒、郭政所作《靈山寺詩》，許申《勑賜靈山開善禪院碑記》，林大春《靈山大顛禪師傳、《惠照傳（附）》》，周光鎬《靈山紀略》（按：爲隆慶《潮陽縣志》卷十《壇廟志》，本果輯錄時將作者誤植爲周光鎬，實應爲林大春），孤山法師《與駱侍御書》，任道琳《佛道論衡》，沈士榮《續原教論（節文）》；卷末內容則爲釋本果《後序》和《跋》。

稍細心的讀者一定會發現上文中，對即將影印的書目有『重刻靈山正宏集』和『正弘集』兩種稱法，而且釋本果的《正□集原序》（下稱《原序》）標題缺一字，記爲『正□集』。這些看似紛雜的表述，正好在無意間留下有助於確定此書刻印版本的相關信息。《靈山正弘集》成書於康熙年間。乾隆年間，爲避帝諱，易『弘』爲『宏』。本書標題爲『重刻靈山正宏集』，那麼基本可以確定的是，重刻時間應在乾隆元年（公元一七三六年）以後，《原序》的標題中出現的空白，應是重刻時挖去，但是《原序》正文中卻依然留下未挖去的『弘』字，而且全書正文引首仍刻以『正弘集』三字，這應該是避諱時的疏忽；或者說，這種疏忽是有意爲之的，因爲重刻的《跋》中還特意交代：『以正弘名者，何耶？佛氏之學不過八正而已。《傳》曰「人能弘道」，惟道觸目，非隱而蔽於妄想執著，苟非其人弘之，甚難。』由此基本可以判定，所謂重刻，或者只是重印康熙舊版，並增刻跋文和極不情願地挖去《原序》標題中的一個諱字而已。也可以這麼說，這本《重刻靈山正宏集》是『幾近祖本』。

在《重刻靈山正宏集》的序、跋中，還留下了一些成書信息：《正□集原序》寫於『康熙癸酉（即康熙三十二年，公元一六九三年）秋七月』，《後序》寫於『康熙乙亥（即康熙三十四年，公元一六九五年）九月十七日』，而《跋》則寫於『梅蒙赤奮若』（即乙丑。筆者按：《跋》應寫於《後序》之後，而康熙乙亥之後的乙丑年是乾隆十年，即公元一七四五年）。那麼，我們可以斷定，《靈山正弘集》基本成書於公元一六九三年，刊行於公元一六九五年，重刻於公元一七四五年，時間跨度有五十余年，都由釋本果主持刊刻工作。

關於主持是事的釋本果，歷來少爲僧俗兩界所關注。《四庫全書》提要僅提及『本果字曠圈，潮州靈山寺僧』。近年，在頗爲熱鬧的潮汕地區佛教研究的活動中，也甚少涉及此人。但是，從《重刻靈山正宏集》中，可以窺見不少信息：其一，《四庫全書》提要所謂的『靈山寺僧』只是臆測之語，因爲《重刻靈山正弘集》一書中的《原序》《跋》兩文均書於『報資方丈』，《正弘集》題名則直標『住報資』三字。『報資』明顯是不同於靈山寺的另一座佛寺，而且這五十多年間，釋本果都是報資寺(堂)的方丈，至於其與靈山寺是何種因緣以及是何緣起使他編輯、刊印，甚至重刻本書，目前沒有比較明確的信息。其二，在《原序》的題名中，其自署爲『江陵釋本果』，這裏的『江陵』一詞究竟是何所指，也不太明確，或者可以理解爲其別號，或者可以理解爲籍貫。從古人的行文習慣來看，表述爲籍貫的可能性更大，可以稱爲『江陵』應指湖北省荊州府江陵縣。其三，在《原序》篇後，蓋有兩印章，一曰『本果私印』，一曰『鶴澤漁翁』，前者爲其私印，後者則應是其別號，一個和尚號爲『漁翁』頗爲新奇，而且既號爲『翁』就足以證明其時他已經上了一定的年紀，但是五十年後還健在，他的長壽狀況就頗可以想見了。《正弘集》題名爲『本果碩堂編訂』、《後序》篇末署名『釋本果碩堂題』，而印章爲『釋本果號曠圈』『蕉庵』，這裏的『碩堂』和『蕉庵』都可能是他的別號，或者居所齋號。《跋》則署『果山僧』，印章爲『在無依館作』『本果號曰曠圈』，這裏的『果山僧』是本果的自我謙稱，而『無依館』則是一個齋堂的名號。從這麼多別號、齋館名號來看，這位釋本果和尚平時應該頗好風雅。

《重刻靈山正宏集》未設目錄。饒鍔《潮州藝文志》云：『據本果自序謂：「裒集二傳、三書、《原道》《佛骨表》壽梓，發明淵賾。」乃撿集中《原道》《佛骨表》，並無其文。疑今所傳之本，或非康熙時原帙也。』這原屬臆測之語，當存備考。至於有論者以爲重刻本中未見《原道》《論佛骨表》，且許申《敕賜靈山開善禪院碑記》，林大春《靈山大顛禪師傳》《惠照傳(附)》，周光鎬《靈山紀略》等爲重刻時所增刪，甚至懷疑重刻本是『後人托本果之名而編』，則難免流於臆測。

此後，《靈山正弘集》歷經了三個版本：

其一，民國三十一年(公元一九四二年)正月，釋蓮舟重輯《靈山正弘集》，交由上海中華書局出版、發行，得到當時佛教界的支持，弘一法師親題書名，並爲該書手抄釋密林(持松)所作的八景詩，著名畫家王雲軒配圖；佛教界名流釋興慈、釋密林、范古農、聶雲臺等作序、跋。此外，還收錄了馬契西所撰《大顛祖師年譜》、翁輝東所編《靈山嗣法法統系》和釋蓮舟《靈山大顛祖師紀念會蓮舟法師講詞》，輯錄歷代文人官宦題詠靈山寺及佛儒軼事的詩作三十六首(其中又將寒山子的《巖前獨靜坐》誤植爲大顛的禪偈)，以及數篇說教的文章及史料。『雖然十分蕪雜，但有很高的資料價值，可供後人理解儒佛之爭由來已久。』

其二，公元一九七五年，香港佛教靈山精舍重印了《重刻靈山正宏集》，並重命名爲『潮州靈山寺高僧大顛禪師正弘集』。書前扉頁選印靈山寺五張照片，景物蕭條，約知爲『文革』期間景象，並附以詹天眼的《韓文公與潮州》。

其三，公元一九九三年冬，潮陽靈山寺委托饒平余構養等翻印釋蓮舟輯本《靈山正弘集》，增補清初彭象升《過靈山寺》長詩一首。雖然這次再版校對者發『力糾原版魯魚之誤，祈望新版成一善本』的宏願，卻依然留有不少不盡如人意的地方。

二

《靈山正弘集》一成，即頗受當世學人所關注，見錄於《清史稿・藝文志》和《四庫全書》。入編《四庫全書》時，有提要曰：

《正宏集》・一卷（編修周永年家藏本）

國朝釋本果撰。本果字曠圈，潮州靈山寺僧。是編皆述唐僧大顛事迹。而大旨主於誣韓愈歸（皈）依佛法，以伸彼教。首列寺圖，次爲元大德辛丑僧了性所作大顛本傳，次爲韓愈與大顛三書，次爲歐陽修別傳跋，次爲虞集別傳贊，次爲諸家詩文，而終以本果自跋。據朱子《韓文考異》，以與大顛書爲真。而陳振孫《書錄解題》力辨其僞，且言其因仍方崧卿所編外集之誤。然崧卿所刻《韓集舉正》，今尚有淳熙舊刻，考其外集所列二十五篇之目，實無此三書。疑不能明也。愈與大顛往返事，見於孟簡書中，而所傳《大顛別傳》即稱簡作，其爲依託，灼然可見。《韓文考異》亦引之，不知何所證驗。考陳善《捫虱新話》引《宗門統要》所載憲宗詰愈佛光，及愈皈依大顛屢參不悟事，一一與此書相合。《宋史・藝文志》載《宗門統要》十卷，僧宗永所撰。蓋緇徒造作言語以復辟佛之讎，不足爲怪；至儒者亦採其說，則未免可訝矣。

從這段文字中，可以看出本書的基本概要，而依據『終以本果自跋』的表述，四庫編書時也只是徵集到重刻本而已。或謂，其時祖本已頗爲難見。在這段文字中，更重要的是，可以看到四庫全書館對該書的基本評價，以及自韓愈訪大顛之後，儒界對韓愈三書的不同考訂。四庫全書館對該書的基本態度是『大旨主於誣韓愈歸（皈）依佛法，以伸彼教』，其一『誣』字，觀點盡現。事實上，該書也存在『以伸彼教』的行爲，如把韓愈寫給大顛的三書標題定爲『昌黎韓公請師三書』，以『請』字云者，頗不合愈、顛身份，且將『退之別傳』擅改爲『大顛別傳』，均爲佛徒臆題；又，本果在該書《跋》中云：『真儒達道者，號曰理學。異哉！韓、歐、程三老，只遵孔教，不問佛爲何人，不讀其書，不究其理，一味橫闢硬排，斯豈恒情可測。』

而在民國時期的增訂、再版、重印活動中，衆參與者再次強調『以伸彼教』的言辭。釋密林在《重印靈山正弘集序》中謂：

夫昌黎之親近大顛，史籍有稽，志乘有據，識者固無他議，而孟簡之韓愈別傳，既爲歐陽永叔所跋識矣！何尚有俗儒妄疑事之未必有，而出於幾道之託詞也耶！夫孟幾道與退之、大顛，生非隔代，交亦非泛，其爲傳也，均直道其所見，詎等於異代傳聞者乎！斯而不信，則遷史班書，亦不足信矣！矧別傳所記大顛難退之之語，歐陽永叔猶且謂退之之復生，不能自解免，得不謂天下之至言哉！既爲天下之至言，亦即萬世之通軌，非大顛其孰能道斯語哉！且既因斯語而能正退之之謬，伏退之之狂，言窮理屈，俯首下心，而求一言以爲相，則此語縱非出諸大顛之口，庸何傷，況真出於大顛者乎！苟仍疑之，則何弗因退之目瞪而不收，氣傷而不揚，反求所答而未能者，試代爲設辭以救耶！若自忖尚不知退之之所對，而猶故矯焉輒斷爲事之未必有者，亦舜犬而已。夫舜犬猶能吠堯，今疑大顛是不信有堯，則又舜犬之不若矣！

其實，這些觀點並不是他們首創的。自韓愈、大顛這段儒釋交往佳話傳出之後，儒、釋兩界就議論紛紛。如果一定要弄明白個中內蘊，筆者覺得吾潮名宿蔡起賢的觀點值得推介。他在《論韓愈的『道』與大顛的『理』》一文中，首先定位了大顛的修學：

按禪宗初祖達摩西來時，他指定佛徒學習的經典是《楞伽經》。到了新禪宗道統建立之後，才規定《金剛經》爲僧徒學習的典籍。《孝經》與《金剛經》並重，表示儒釋合一。大顛是新禪宗的嫡傳弟子，他應該懂得這一道理。

這一表述在《重刻靈山正弘集》中也能找到依據。《潮州大顛祖師本傳》中說：『（顛師）自寫《金剛經》一千五百卷、《法華維摩等經》各有部數，又注解《般若心經義》。』『般若心經義』全稱爲『般若波羅密多心經釋義』，現書存於日本續藏經中。溫廷敬在該書的跋語中認爲，釋義『參入儒道語』。因此，蔡起賢又認爲：

可見大顛對儒家經書也非全無體會者。說他既釋也儒也未嘗不可。況且佛教各宗，獨發禪宗對知識分子的影響最大；而知識分子對新禪宗道統的建立，也確實起着啟迪的作用。

接着，蔡起賢又回到韓愈的立場，在舉出《原道》《論佛骨表》《與孟尚書書》等材料之後，又指出：

他（韓愈）一再提到夷狄來，表面上是說佛教，更重要的是因爲唐朝經過安史之亂，所謂貞觀、開元之治的升平社會，遭到很大的破壞，對於夷狄之患，士大夫階層人物，有較深刻的認識。……韓愈憑借『三綱五常』、儒家倡議的人倫道德，對佛教徒無情的反擊，其實質倒是爲藩鎮割據這一現實而發。

兩者結合，蔡起賢認爲：

韓愈一遇大顛，便那麽投契，當是大顛的言論有足以發明儒家學説的義藴，故對他的理，才稱爲『實能外形骸，以理自勝』。他們這次會面，應是儒佛思想的一次交流。

最後還有一個關鍵的節點，那就是韓愈給大顛『留衣』的故事。韓愈在《與孟尚書書》中已有自認，靈山寺又有『留衣亭』遺迹，而周敦頤更有《題大顛堂壁詩》等。蔡起賢認爲：『别無贈送，只賜衣一襲，難道不是因爲佛教徒不服先王之法服。』爲此，他還寫詩再闡觀點：『判語直言茂叔非，張儒納釋弗相違。韓公自有深深意，不留僧衣留俗衣。』

三

儒佛之爭，最直接的影響是擴大了靈山寺的聲名。而從《重刻靈山正宏集》中，還可以解讀到靈山千年變遷的某些歷史信息，這無疑是研究潮汕佛教史的重要文獻。如其中所録的見諸隆慶《潮陽縣志》的《靈山紀略》云：

靈山寺，距臨崑山二十里，地名塔口。蓋唐貞元七年，僧大顛所創建者。始，大顛來自羅浮，入邑之内界，與其徒玄應、智高等數十人，開闢牛山作庵室居之，所謂闢牛巖者。至是年，乃始建兹寺。長慶二年，賜額爲護國禪院。宋祥符五年，僧覺然重建；其年，賜新譯成經二百七十八卷。天聖七年，奏改爲開善禪寺。景祐元年，邑人許申作記，其文未盡全録。國朝洪武二年，僧空山又重建之。正統、景泰、成化間，鄉人蕭正四、莊懋、蕭景勵、劉琪勇輩，復相繼重修之。至正德末廢，僅有新僧結室數椽以奉香火而已。

這段文字概述了自大顛於唐貞元七年（公元七九一年）開創靈山直至明朝正德年間，該寺興廢的基本情況，其中提到『景祐元年（公元一〇三四年），邑人許申作記』，許申此記亦見於《重刻靈山正宏集》，名爲『勅賜靈山開善禪院碑記』。這是目前唯一能直接解讀到宋朝間靈山寺基本概況的文獻材料，況且出自潮州七賢之一——許申之手，誠彌足珍貴。該碑記記載着韓愈與大顛交往之事，敘唐末宋初靈山寺變遷史事頗詳，是研究唐宋間潮州佛教活動的重要資料。原碑雖殘缺太多，但依據書中所繕錄的文字，仍可以了解到一些情況。比如宋太宗至道年間（公元九九五年至九九七年），『縣大夫與鄉落之衆，洎邑之秀士鄭士明』開緘大顛和尚塋塔，出土一面圓鏡的史實。還有，大中祥符五年（公元一〇一二年），『聖恩賜新譯成經二百八十卷』；天聖七年（公元一〇二九年），『詔改舊護國禪院爲開善禪院』，大約是爲了慶祝這一殊遇，乃『遠徒惠陽之松數百本，植於山門，達於廣路，悉然之勞勤也』。以此二項觀之，宋代的靈山寺是潮州重要的名刹，而且還引起朝廷的重視。景祐元年的這一次重修，在該碑記中，也有頗爲詳備的介紹：『去支梧之宇，而儼之以精廬；革其黝晦之像，而飭之以金光。繚垣四百丈，周室百餘間。崇郡真之論幾，繪法從之天龍。香積辦嚴，湓堂潔清，宅一山金仙之像，飯四方菩薩之僧。』其規模實也可觀。

宋時，靈山寺已經建成紀念祖師大顛和尚的堂構。周敦頤在任廣東轉運判官時曾題其壁云：『退之自謂如夫子，《原道》深排佛老非。不識大顛何似者，數書珍重更留衣？』

《靈山紀略》還提到『寺舊亦有巨鐘一口，今鳴於郡譙樓者是』。根據《潮汕金石文徵·宋元卷》所載：此鐘是於泰定三年（公元一三二六年）爲『祝聖壽萬安』而『募緣鑄造大鐘』，其規模『大約三圍，高丈許』，而且主緣者的題名涵蓋了潮州路的主要官員：

潮州路海陽縣主簿兼尉蔡鎬、潮州路海陽縣尹兼勸農事黄唐英、潮州路海陽縣達魯花赤兼勸農事也先海牙、潮州路總管府知事趙弘道、承事郎潮州路總管府經歷王廊、潮州路□□□推官劉克敬、忠□、□□□總管府判官買住、朝散大夫同知潮州路總管府宋用。

從這份名單可以看出靈山寺在元代時的影響，以及其經濟實力和組織能力。此鐘於明代時移置潮州府署鎮海樓，並於宣統三年（公元一九一一年）潮州革命軍攻打府署、焚毀鎮海樓時被毀。

同時，爲《靈山紀略》所忽略的元朝一代的靈山寺的相關活動，除了上述鑄鐘之外，還可以從《重刻靈山正宏集》中窺見另一件重要文事：『大德五年，歲在辛丑三月祖忌日，住山嗣祖比丘了性拜編』了《潮州大顛祖師本傳》，詳細記述了大顛的生平，包括入潮、出生、剃度、修學、築庵、創寺、註經、遇韓、圓寂等。其中，還有不少言辭將大顛描寫成具有神通般的人物，如着筆即云：『師貌古骨清，機圓語活，幼歲心遠塵俗，志慕雲林。』又如寫他在修學期間，『參南嶽石頭希遷禪師學出世法』，與希遷禪師的一段對話，仿佛一切妙理早已兼通。再如寫他在創建靈山時，『山之下有田如袈裟，漫在地中曰福田，皆師運神力所化；山之上有木，周圍多龍荔，皆師手植，自置一銅瓶，每登山甌水千株可溉』。此外，寫與韓愈的會話，似乎也過於超凡脫俗了，這樣的語境，是否會讓韓愈認爲其人『頗曉道理』云云？但無論如何，這一文事對於靈山寺和潮汕地區佛教史研究來説，是極其重要的歷史文獻，也成爲後世敘述大顛事迹的基本依據，如本書所輯錄的見諸隆慶《潮陽縣志》的《靈山大顛禪師傳》和《靈山紀略》。

林湘雄在《〈正弘集〉版本初探及其他》一文中提出：『催促另一劃時代的《正弘集》善本問世，那將是皆大歡喜的好事！』他的意思是，需在各版《正弘集》的基礎上，添加晚近靈山寺的相關材料，形成全新的版本。但是，如上文所云，在可見的《靈山正弘集》的幾個版本中，都出現蕪雜、錯漏。那麽，祖本正是校正這些錯訛的依據，而這本幾近祖本的《重刻靈山正宏集》正是一個很好的版本。此外，在探討潮汕本土刻書、佛教史略方面，此書也是極其寶貴的第一手材料。

這次整理工作得到了潮汕歷史文化研究中心，以及陳荊淮、周修東、陳景熙、林湘雄、陳新傑、陳灼、孫杜平諸君的支持和幫助，謹致以萬分之感謝！

乙未年花月，於汕上明心山房

重刻靈山正宏集

目錄

靈山禪會

寫經臺
白石槽
接木塢
留衣亭

開善藏
祝聖碑
千叢果
舌鏡塔
丁居林高繪
林高

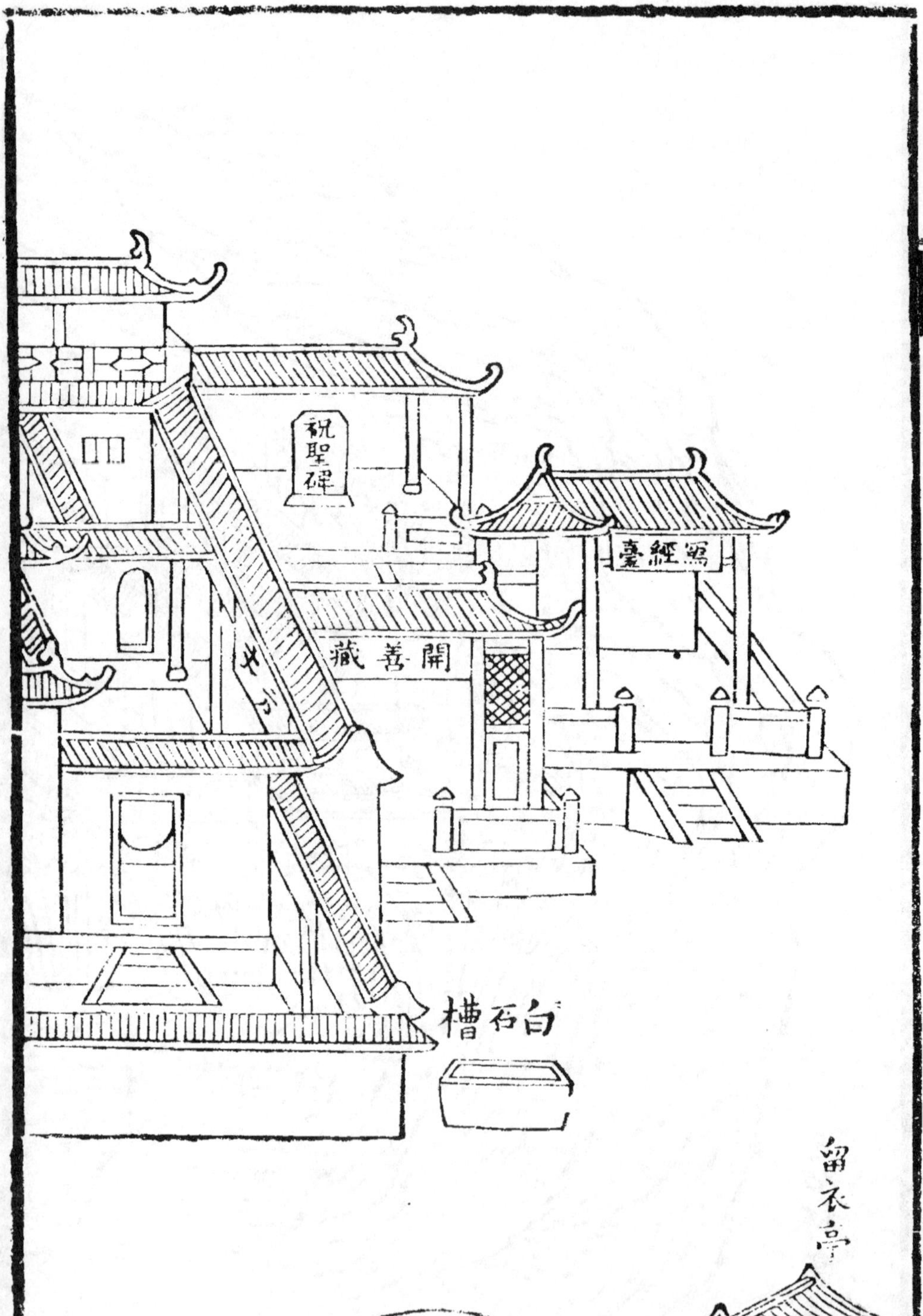
祝聖碑
寫經臺
開善藏
白石槽
留衣亭
撥木塢

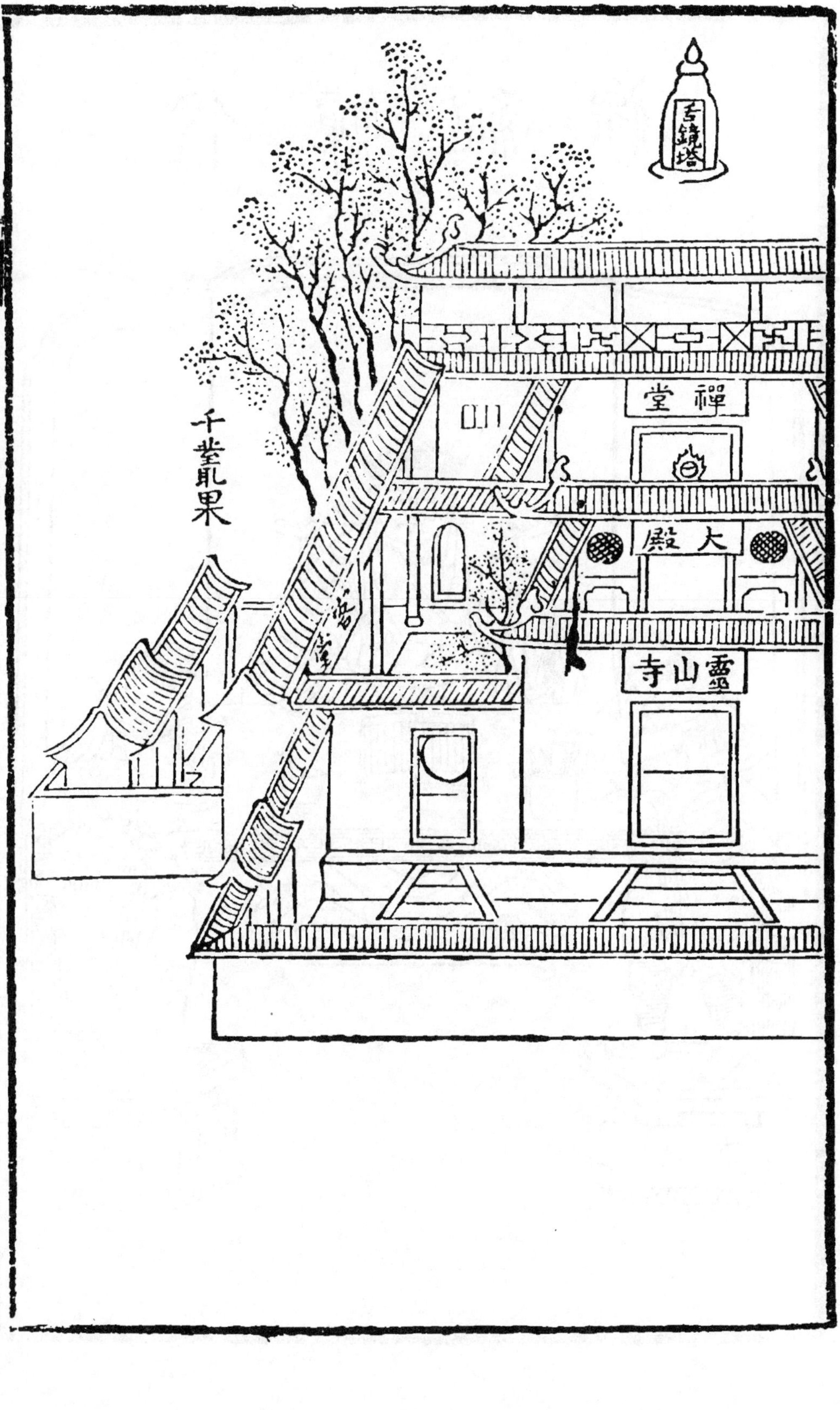
禪堂
大殿
靈山寺
客堂

大巔祖像

了明大道孰正孰偏觸目
非隱大顛不顛一語總
妙諦之昌黎造訪機應理
圓之示者要也此手寫

嗣祖比丘際慎敬題

際慎

靈山八景

拔木塢

在寺前鼎建之始師親市木於閩來由地中行及匠作就此拔焉今存三根如品樣大滿三尺毎逢師誕日有進香誠求自出泥水中尋取色若蠟碧見太陽暫黑聞之似有香氣

千叢菓

寺山週圍有荔枝千叢皆師手植自置一銅餅名曰甘露餅每合水一餅遍灌千樹餅至成化間尚存後寺廢致隨遺失而菓亦相繼淪亡今僅存一二株焉

寫經臺

在寺左師自寫心經金剛義一千五百卷及法華維摩等三十大部藏於茲山今臺廢而經亦無存焉

留衣亭

元和十四年刺史韓公致書三請不赴其年適公禱神至海次日造訪與語投契客邁日久會移袁州留衣爲别建亭在寺前至今修茸翼然

舌鏡塔在寺後當師存日遺囑塔封三年許以開視門人遵命至期而啟顏容如生髮爪俱長乃封藏之至唐末有發視者骨髏悉化片舌如生復瘞之及宋至道間有再發視惟古鑑一圓見師定影於鏡中卽疊石藏之明洪武二年邑令詣寺又欲發視天日光熖倏然黑雲雷聲霹靂戒惧乃止自茲以後無敢再發矣

開善藏長慶二年賜額爲護國禪院宋祥符五年賜新譯經爲建靈藏儲爲天聖七年勑額開善禪寺

祝聖碑在寺左宋王大寶奏請爲祝　聖萬壽山乃竪立焉

白石槽長二丈餘濶三尺許是師神運色白如新琢至今無異

正集原序

天竺古先生之道自後漢至中唐雖隆替不一然未有非之者昌黎公出乃力詆之貶于潮而潮則先有大顛在焉事亦異矣由唐迄今莫不以闡提彌戾車視昌黎余獨以為八地菩薩之所示現不然何以求顛之至切而欲聞其說之至亟耶蓋天下之玅理非一人逆激之則必有不暢大顛固非常僧昌黎公則猶鴻儒不足以

盡之也是時學者仰公如泰山北斗非是豈能激揚佛學耶在西域則鶖子目連馬鳴龍樹知廣衲衣等皆外道也教法東来千有餘載惟韓歐二人與之作難而佛道益盛余嘗愛敬齋子之言曰非夾崖之束闘則水勢不雄非鐵石之鑚磨則火光不發打鼓弄琵琶真權顯權公與大顛殆一鼻孔出氣者也豈儒雛沙門曷是以知此因裒集二傳三書原道佛骨表等壽梓發

朙淵賾云

昔

康熙癸酉秋七月江陵釋本果書于仙城西疇

之報資方丈

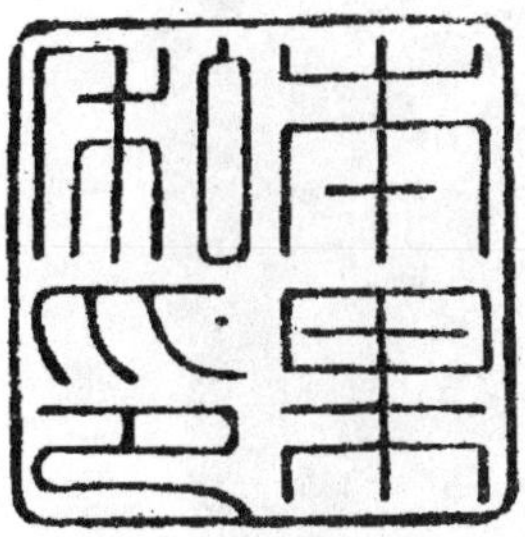

正弘集

住報資後學本果碩堂編訂

菩薩戒比丘 際愼道懷 祖聖習賢 校刊

潮州大顛祖師本傳

六祖大鑑禪師得東山五祖所傳心法受東山五祖所付傳衣居韶之曹溪後衣止不傳惟傳法矣大鑑之下出南嶽懷讓青原行思兩分派各接其門人弟子讓接馬祖道一思接石頭希遷遷之傳

師爲嫡嗣師諱寶通大顛迺自號也實陳帝之裔高祖隨官於潮開元間產師於潮郡師貌古骨清機圓語活幼歲心遠塵俗志慕雲林初出家依西山惠照禪師得剃染受戒行業精嚴經傳博覽後叅南嶽石頭希遷禪師學出世法師到石頭便問道有道無二俱是謗請和尚除頭云我這裏一物也無除個甚麼頭却問師併却咽喉唇吻道將來師云無這個頭云若與麼汝卽得入門異日侍立

次頭問師汝是叅禪僧州縣白蹋僧師云是叅禪
僧頭云何者是禪師云揚眉瞬目頭云除却揚眉
瞬目外將你本來面目呈看師云請和尚除御揚
眉瞬目外鑒頭云我除竟師云將呈了也頭云汝
既將呈我心如何師云不異和尚頭云不關汝事
師云本無物頭云汝亦無物師云既無物卽眞物
頭云眞物不可得汝心見量意旨如此也大須護
持自後機辯無滯後歸龍川羅浮瀑布巖每日寂

然宴坐時有張遠凡中丞來遊巖中恠不相迎人至巖前抽刀欲斬師乃引頸神色不變師曰若心好殺是償夙讎意若生疑是不先負中丞慚慚捨刀禮謝至正元歲旋移入潮陽領門人善覺等開闢牛山築庵日與虫豸毒蛇爲伍師每誡之悉皆遠去又於縣西幽嶺之下斬伐榛莽置院曰靈山山之下有田如袈裟漫在地中曰福田皆師運神力所化山之上有木周圍多龍荔皆師手植自置

一銅缾每登山僟水千株可溉自寫金剛經一千五百卷法華維摩等經各有部數又註解般若心經義學者四集上堂云夫學道人須識自家本心將心相示方可見道多見時輩祇認揚眉瞬目一語一嘿驀頭印可以爲心要此實未了吾今爲汝諸人分明說出各須聽受但除卻一切妄運想念見量即汝眞心此心與塵境及守認靜默時全無交涉即心是佛不待脩治何以故應機隨照冷冷

自用窮其用處了不可得喚作妙用乃是本心大須護持不可容易僧問其中人相見時如何師曰早不其中也僧曰其中者如何師曰不作箇問一日三平義忠在石鞏處來參乃自舉鞏每日張弓架箭接人三平到鞏云看箭平撥開胸云此是殺人箭活人箭又作麼生鞏彈弓弦三下平乃禮拜鞏曰三十年張弓架箭只射得半箇遂拗折弓箭師隨後問云旣是活人箭爲什麼向弓弦上辯平

無對師曰三十年後要人舉此話也難得平遂問師不用指東劃西請師直指師曰幽州江口石人蹲平曰猶是指東劃西師曰若是鳳凰兒不向那邊討平作禮師曰若不得後語前話也難圓平歸乃留二鬼曰毛搭颭以事師至今存焉昔州牧昌黎韓公屢遣使齎書召師師有守山林不入城郭之戒如是三請三辭公一日詣山問師和尚春秋多少師提起數珠云會麽公曰不會師曰晝夜一

百八公罔措次日再來至門首見首座公舉師語問首座意旨何如座扣齒三下及見師理前問師亦扣齒三下公曰元來佛法不别師云見何道理便乃恁麼公曰適來問首座亦如是師乃召首座是汝如此對否座云是師便趕打首座出院公一日又白師曰弟子軍州事繁佛法省要處乞師一言師據坐良久云會麼公云不會時三平爲侍者敲禪牀三下師曰作麽平曰先以定動後以智拔

公迺曰和尚門風高峻弟子何侍者邊得箇入處師乃俛首而笑僧問苦海波濤以何爲船筏師曰以木爲船筏僧曰恁麼則得度去也師曰盲者依前盲啞者依前啞師一日將飬和子廊下行逢一僧問訊次師以飬和子驀口打曰會麼僧曰不會師曰大顛老野狐不曾辜負人師之所剏道場惠陽之龍川瀑布巖潮之闢牛巖蓮華烏巖與今本寺長慶四年甲辰師年九十有三時鳥獸哀號踰

月不止寺前有四大桐春夏之月忽自凋落一日乃先誡門人後事三月十四日沐浴更衣端坐而化顏色不變屈伸如生室有異香經旬不歇全身葬於正寢之東門人遵諭將三年塔門開視容貌如舊髮爪俱長仍封藏之唐末有發窣堵見其骨髀俱化而片舌如生復瘗之宋至道間再發而視之惟古鑑一圓見師定影於鏡中而已既之又疊石藏之自後塔戶不復開師平生神通妙用應機

接人故不在乎形容歲州郡祈禱雨暘應荅如響至政和中州郡奏聞於朝謚曰善慧又曰慈慧祖師之塔

旨

大德五年歲在辛丑三月祖忌日

住山嗣祖比丘了性拜編

昌黎韓公請師三書

第一書

愈啟孟夏漸熱惟道體安和愈弊劣無謂坐事貶官到此久聞道德切思見顏色緣昨至未獲參承倘能暫垂見過實爲多幸已帖縣令具人船奉迎日久竚瞻不宣四月七日愈白

第二書

愈啓海上窮處無與話言側承道高思獲披接專

輒有此咨屈儻惠然降諭非所敢望也至此一二
日卻歸高居亦無不可旦夕渴望不宣六月初三
日愈白

第三書

愈啓惠明至辱荅問珍悚無已所示廣大深迴非
造次可喻易大傳曰書不盡言言不盡意然則聖
人之意其終不可得而見耶如此而論讀來一百
遍不如親見顏色隨問而對之易了此句來曉明

旦夕不甚熱倘能承閒一訪幸甚旦夕馳望愈歸
道無凝滯行止繫縛苟非所戀着則山林閒寂與
城郭無異大顛師論甚宏傳而必守山林義不至
城郭自激倏行獨立空曠無累之地者非通道也
勞於一來安於所適道故如是不宣七月十五日
愈頓首

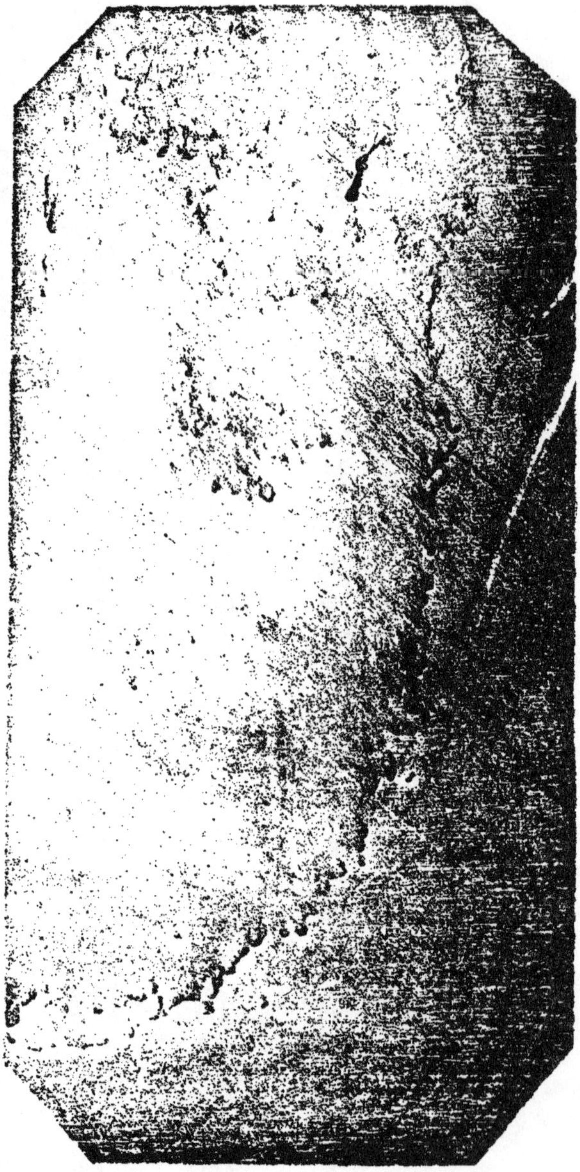

大顛別傳

唐尚書員外郎孟　簡集

韓愈牧潮州祠神海上訪釋者大顛焉大顛曰子之來官於南以其言之直也今子之貌鬱鬱然似有不懌者何也愈對曰愈之用於朝享祿頗厚矣一日以忠言不用而奪吾刑部侍郎竄於八千里之海上播越奔走經涉嶺海喪吾女孥及至潮陽颶風鱷魚禍患不測毒霧障氣日夕發作愈少多

病髪白齒落今復憂煎黜於無人之地其生豈可保乎愈之來也道出於黃陵之廟而禱之幸蒙其力而卒以無恙愈以主上有中興之功已奏章道之使定樂章告神明東巡太山奏功皇天儻其有意乎此則庶幾召愈述功德作歌詩而薦郊廟焉愈早夜待之而未至冀萬一於速歸愈安能有懌乎大顛曰子之直言於朝也忠於君而不顧其身耶抑尚顧其身而強言以徇其名耶忠於君而不

顧其身其言用則爲君之榮言不用而已有放逐是爾職也何介介乎胷中哉若尚顧其身而強言也則言用而獲忠直之名享報言之利不用而逐亦事之必至也苟患乎逐則盍勿言而已且吾聞之爲人臣者不擇地而安不量勢而行令子遇逐而不安趨時而求狗殆非人臣之善也且子之死生禍福也其命豈不懸諸天乎汝姑自內脩而外任命可也彼黃陵安能禍汝耶主上繼天寳之後

奸臣負國而討之糧饋雲合殺人盈城僅能克平而瘡痍未瘳方此之際而子又欲封禪告功以搖動天下而屬意在乎己之歸予奚忍乎是也且夫以窮自亂而祭非其鬼是不知命也動天下而不顧以便己是不知仁也強言以干忠遇困而抑鬱是不知義也以亂爲治而告皇天是不知禮也而子何以爲之且予之遭黜也其所言者何事也韓愈曰主上迎佛骨於鳳翔而舁入大內愈以爲佛

者夷狄之一法耳自後漢時流入中國上古未嘗有也昔者黃帝堯舜禹湯文武之際天下無佛是以年壽永久漢宋陳魏事佛彌謹而莫不夭且亂愈恐主上之惑此也是以不顧其身而斥之耳大顛曰若是則子之言謬矣佛也者覆天人之器也其道則妙萬物而爲言其言則盡幽明性命之理其教則捨惡而趣善去僞而歸眞其視天下猶父之於子也而子毀之是猶子之刃其父也蓋吾聞

之善觀人者觀其道之所存而不較其所居之地桀紂之君盜跖之臣皆中國人也然而不可法者以其無道也舜生於東彛文王生於西彛由余出於戎季札出於蠻彼二聖二賢豈可謂之彛狄而不可法也今子不觀佛之道而徒以爲彛狄何其言之陋也子必以爲上古未有而不可法也則孔子孟軻生於衰周而蚩尤瞽叟生於上古矣豈可以揜衰周之聖賢而法上古之兇頑哉子以黃帝

三代爲未有佛而壽且長則外丙二年仲壬四年何其夭也以漢陳之閒爲有佛而人主夭且亂則漢明帝爲一代之英主而梁武帝壽至八十有三矣豈必皆夭且亂耶於是韓愈攘袂作色而言曰愈之所謂佛者口不譚先王之法言而妄倡乎輪迴生死之説身不踐仁義忠信之行而詐造乎報應禍福之故無君臣之義無父子之親使其徒不畊而食不蠶而衣以戕賊先王之道愈安能默而

不斥之乎大顛曰甚矣子之不達也有人於此終日數十而不知二五則人必以爲狂矣子終日言仁義忠信而不知佛之常樂我淨無以異也得無數十而不知二五乎且子既嘗誦佛之書矣其疑與先王異者可道之乎韓愈曰愈安得讀彼之書哉大顛曰子未嘗讀彼之書則安知不譚先王之法言耶且子無乃自以嘗讀孔子之書而遂疑彼之非乎抑聞人以爲非而遂非之乎苟自以嘗讀

孔子之書而遂疑彼之非是舜犬也聞人以爲非而遂非之是妾婦也昔者舜館畜犬焉犬之旦暮所嘗見者惟舜也一日堯過其館犬從而吠之非愛舜之賢而惡堯也以其所嘗見者惟舜未嘗見堯者也今子嘗以孔子爲學而未嘗讀佛之書遂從而怪之是舜犬之說也吾又聞女子之嫁也毋送之曰往之汝家必敬必戒無違夫子然則從人者妾婦之事也安可從人之非而遂以非之乎夫

輪廻生死非妄造也此天地之至數幽明之妙理
也以物理觀之則凡有形於天地之間者未嘗不
往復生死如循環也草木之根荄著於地因陽之
煦而生則爲枝爲葉爲華爲實氣之散則萎然而
槁矣及陽之復煦則又生焉性識也者人之根荄
也枝葉華實也者人之體也則其往復又何惟哉
孔子曰原始要終故知生死之說夫終則復始天
行也况於人而不死復生乎莊周曰萬物皆出於

機入於機賈誼曰化爲異物今又何足悲此皆輪廻之說不俟於佛而明言者也焉得謂之妄乎且子又以報應禍福爲佛詐造此猶足以見子之非也夫積善積惡隨作隨應其主張者皆氣燄薰蒸神理自然而應耳易曰積善之家必有餘慶積不善之家必有餘殃又曰鬼神害盈而福謙曾子曰戒之戒之出乎爾者反乎爾者也此報應之說也惟佛能惻隱乎天下之禍福是以彰明較著言其

必至之理使之不自陷乎此耳豈詐造之乎哉又言佛無君臣之義無父子之親此固非子之所及也夫事固有在乎方之內者有在乎方之外者方之內者衆人所共守之方之外者非天下之至神莫之能及也故聖人之爲言也有與衆人共守而言之者彼各有所當也孔子之言道也極之則無思無爲寂然不動此非衆人所共守之言也衆人而不思不爲則天下之理或幾乎息矣此不可不

察也佛之與人子言必依於孝與人臣言必依於
忠此衆人所共守之言也及其言之至則有至於
無心非惟無心也而又至於無我非惟無我也而
又至於無無生矣則陰陽之序不能亂而天地之數
不能役也則於君臣父子固有在矣此豈可爲單
見淺聞者道哉子又疑佛之徒不畊不蠶而衣食
則儒者亦不畊不蠶何也韓愈曰儒者之道君用
之則安富尊榮其子弟從之則孝弟忠信是以不

畊不蠶而不爲素飧也大顛曰然則佛之徒亦以其有益於人故也今子徒見夫世未有如佛者蠶食於人而獨不思今之未能如孔孟者亦蠶食於人乎今吾告汝以佛之理蓋無方者也無體者也妙之又妙者也其比則天也有人於此終日譽天而天不加榮終日詬天而天不加損然則譽之詬之者皆過也夫自漢至於今歷年如此其久也天下事物之變革如此其多也君臣士民如此其衆

也天地神明如此其不可誣也而佛之說乃行於中國無敢議而去之者此必有以蔽天地而不恥閱百聖而不慙妙理存乎其間然後至於此也子盍深思之乎韓愈曰吾固非訾佛以立異也蓋吾所謂道者博愛之謂仁行而宜之之謂義由是而之焉之謂道足乎已無待於外之謂德仁與義爲定名道與德爲虛位之謂也此孔子之道而皆不同也大顛曰子之所以不知佛者爲其不知孔子

故也使子而知孔子則佛之義亦明矣子之所謂仁義爲定名道德爲虛位者皆孔子之所棄也韓愈曰何謂也大顛曰孔子不云乎志於道據於德依於仁游於藝葢道也者百行之首也仁不足以名之也周公之語六德曰智仁聖義中和葢德也者仁義之原而仁義也者德之一也豈以道德爲虛位哉子貢以博施濟衆爲仁而孔子斥之曰何事於仁必也聖乎是仁不足以爲聖也子焉知孔

子之所謂哉今吾教汝以學者必先存乎道之遠者焉道之遠則吾之志有所不能測者矣則必視夫人之覽於我者之所向而從之彼之人覽於我而以此爲是而我反見其非則是我必有所不盡知者也是故深思彼之所是而力求之則庶乎有所發也今子自視通四海異方之學而文章磅礴能如秦之羅什乎子之知來識往能如晉之佛圖澄乎子之盡萬物不動其心孰如蕭梁之寶誌乎

韓愈默然良久曰不如也大顛曰子之才既不如彼矣彼之所從事者而子反以爲非然則豈有高才而不知子之所知者耶今子屑屑於形器之内而奔走於聲色利祿之間小不如志則憤鬱悲躁若將不容其生何以異於蚊蚋爭穢壞於積囊之間哉於是韓愈目瞪而不收氣喪而不揚反求其所答若有所自失逡巡請大顛曰言盡於此已乎大顛曰吾之所以告子者蓋就子之所能而爲之

言耳非至乎至者也韓愈曰愈也不肖欲幸聞其至者大顛曰去爾欲誠爾心寧爾神盡爾性窮物之理極天之命然後可聞也爾去吾復言矣韓愈趨而出至於州數月改袁州刺史又詣大顛獻衣二襲而告别焉曰愈也將去師矣幸聞一言以卒相愈也大顛曰吾聞之易信人者必其守易改易譽人者必其謗易發子聞吾之言而易信之矣庸知子復聞異端而不復以我爲非哉遂不教也愈

知其不可問乃拜辭而去耳
別傳終

别傳跋宋 歐陽修

余官琅瑘有以退之别傳相示者余反覆讀之知大顛果非常僧也及後得孟簡答退之書亦曰大顛者果非常僧爾退之别傳若非深達先王之法言者莫之能爲也退之答孟簡書葢在袁州之後其書尚深訾浮屠氏之學然其易信人者必其守易改之言果驗耶抑實未嘗如别傳所載則大顛爲屈耶雖然如别傳之言余意退之復生不能自

觧免得不謂天下之至言哉余嘗志浮屠氏盛而嘉退之力能詆之疑栁子厚之徒反詆退之之說及觀大顚所言果知栁子厚不爲太過也噫浮屠之說流於今而愈盛者豈其道誠不可改而天卒相之耶是皆非吾所能測也

別傳贊 元

虞集 學士

噫彼羣生異累紛淪厥趣苟同或互其形域中之教俾人識正但束身心罕窮性命維　大覺尊具正徧知直示心原覺彼羣迷諸天大梵聽命如僕帝釋擎拳四王捧足教流東夏列后尊隆未聞它道獲是褒崇陋儒偏生小智自怵詆為異端啄竆力蹷嗟爾昌黎稱唐儒宗狂言自禍反咎其忠號哀於朝丐命於鬼曾是不思猶肆窮毀維大顛師

開廓其蒙彼亂罔措我則從容反覆辯端如目於指特祈凡情未原至理賜之頴悟性道難聞彼安反側我道彌尊啓爾學徒黨同伐異未辯形聲羣然起吠叔孫毀聖日月何傷父慈念子憐憫其狂因果同原應而靡失事理雙彰初權後實集生也幸不愧於人敬述嘉猷與後作程

靈山寺詩

宋　　周惇頤

退之自謂如夫子原道涘排佛老非不識大顛何似者三書珍重更留衣

蘇軾

幾因書暇訪禪扉杖屨行行入翠微金磬聲從風外落寶花香逐雨中飛鉢中龍卧雲歸早定裏僧閑客到稀坐久蒼黃山日暮始知静境息塵機

元

廣東道宣慰使都元帥蒙古氏僧嘉努鈎撰

積香世界故三千佛日靈山又一天公本大顛儂是愈相看無語有因緣

其二

忠逆龍鱗海鱷轟諫章詆佛氣撑霆致君匡世今猶昔我不畱衣莫葢亭

其三

遶頭頬悟漸凌霄蛇鼠難侵神外超爲借淨瓶呼

搭颸徧澆寰宇活枯苗

前韻

無啻潮陽路八千大顛相遇古瀛天揚眉瞬目日

相顧彼此無非是宿緣

其二

青天白日一聲轟舉首聞音若震霆敬捧此詩歸

鱷海靈山寫上老韓亭

其三

九秋炎氣噴陽敲燒爍生靈志不超爲問大顛求
法雨倒傾瓶水蔭嘉苗

明　　趙文進　叅政

步入招提古山滚石徑斜畱衣憐昔別遺偈至今
誇霜樹猶存葉寒梅半着花蒼生未可問歸思滿
天涯

江用文

海氣湧湧暗越城禪房寂寂慰高情秋深巖戸留雲影夜半山風作雨聲釋子不眠供茗椀幽人無語對棋枰馬蹄明日知何處贏得山靈識姓名

林仕猷

一洞煙霞紫翠深上方臺殿鎖秋陰懸崖老樹鳴天籟落澗飛泉響石琴往事祇今成感慨浮生何幸得登臨留衣亭上三更月照徹昌黎萬古心

莊呈龘邑人

策騎西遊訪大顛縈紆一徑鎖雲煙山僧未見供茶茗野鳥先聞奏管絃寶塔尚藏明鏡在上方迴與翠微連箇中無限清虛態自是人間別有天

林　照邑人

衣鉢眞傳道獨尊何年鎮幻此山門留衣人去堂猶在瘞舌墳中跡尚存老樹籠煙侵歲月落花啼鳥自朝昏要知不二門中事共把殘碑細討論

陳大器人侍御邑

柱杖梯雲鳥道斜石巖深處有仙家靈根不秘千年跡留取夭桃一樹花

陳江 邑人 和濂溪韻

山斗仰韓千古在釋儒相訪未全非曾聞更有起忘者解帶江門換衲衣

尹鑑 邑令

侵晨發騎戴三星問俗觀風過野亭杳杳人家藏古戍穰穰禾黍遍秋汀水從滅水千尋綠山到盡

山萬點青　聖主嚮明恩化遠謳歌處處樂生靈

郭　政

金壁輝煌棟宇隆人人說是梵王宮樓臺影落鯨
波上巖岫青分辰雨中結社何年尋舊約雷衣千
載仰遺風憑誰喚起昌黎伯來問顛師四大空

勅賜靈山開善禪院碑記 宋 許申 邑人進士

潮陽靈山之爲名山也寰海聳聞其勝者何岡阜環沓如西天之鷲嶺曹溪之寶林廬陵之清源福唐之支提梗槩存焉誰何居之大顛首之顛師唐之高僧也西山惠照石頭希遷卽迺師焉旣聞道巳入居羅浮山瀑布巖寂然晏坐暴客張遠凡者遊於其間謂師傲人不將不迎揮刀將傳之師神色自若引項當其鋒客擬之於再師語之曰若必

及我是夙負命如不負公殘惡在汝客慙愧悔謝伏拜於前得大無畏道用如是開元十九年自羅浮來棲是山其性圓湛也無修無證無念無可直趨菩提解脫諸縛禪機電决迷妄俱照本適無物豈奉行於諸善魔不在舍寧不行於衆惡粲能之一體迦維之一心彼上之謂也學於師者其徒實繁如漳南三平山開巖之僧卽其執侍得師之道龍鬼景從結茆爲廬之初蓊閧斤斧之聲旦暮不絕

旋視山材欐楠之選咸皆倒而刋之不旬朝堂宇巍然坊餝云備毒虺讓穴魑恠徙境師居之數年一夕行道匱而僵仆有物支足而興師問曰汝何爲者荅曰某是山之神侍師之帀几久矣身面俱毛出入卧內自是目之曰毛搭颾矻矻之勤若天神之子事終南宣律師也吁持行如練金陰隱窺之自然歸嚮如其未然人且不與況於鬼神乎顛師之門入德行猶爾況其龍象之雄爲道尊遠又

何如也韓吏部刺郡日自城越海造其廬而謁之自是五七日聚會而疎去袁州留衣物爲別且曰顛師頗聰明識道理如吏部鴻儁之士肯妄交於俗世也言之所出肯亦妄可於人耶唐之末歲有發其窣堵而葺之骨髀多化而舌存如生復瘞於其所至道中縣大夫與鄉落之衆泊邑之秀士鄭士明又發其緘而觀之了無餘物惟圓鑑一而已既又疊石藏之逮四十年矣惟今之寺迺鄉泊四

方之僧嗣而居之不一其人今宰寺師覺然臨汀人也俗姓鄧居其郡南安集福巖杖錫遊於潮棲止淨慧院錚錚之能譽不可掩郡守都官外郎駱公念是山無宿行鎮之熊羆虎兕宜得一角之麟迺肯服從理卽攸久爰從僉命來居是山然師戒珠四國山行結成靈臺本空前塵俱泯故遠邇蟻慕鄉宿林廬咸樂成其事肯去支梧之宇而儼之以精廬革其黜晦之像而飭之以金光繚垣四百

丈周室百餘間崇郡眞之論几繪法從之天龍香
積辦嚴溫堂潔清宅一山金仙之像飯四方菩薩
之僧昔奉顛師塔廟卑稍不稱然從之於法善之
北坎其中而覆其外石工具妙築于旣崇蓋其所
自本也祥符五年聖恩賜新譯成經二百八十卷
天聖七年詔改舊護國禪院爲開善禪院又平其
東塹五十丈遠從惠陽之松數百本植於山門達
於廣路悉然之勞勤也中鄉楡在茲遊士多舊鄭

君士明如爲請文淨慧師惠鵬緘其舊誌命觀始
末瞻彼白雲之下喜列翠琰之詞龍華會中願存
名耳
旹
景祐元年十二月一日記

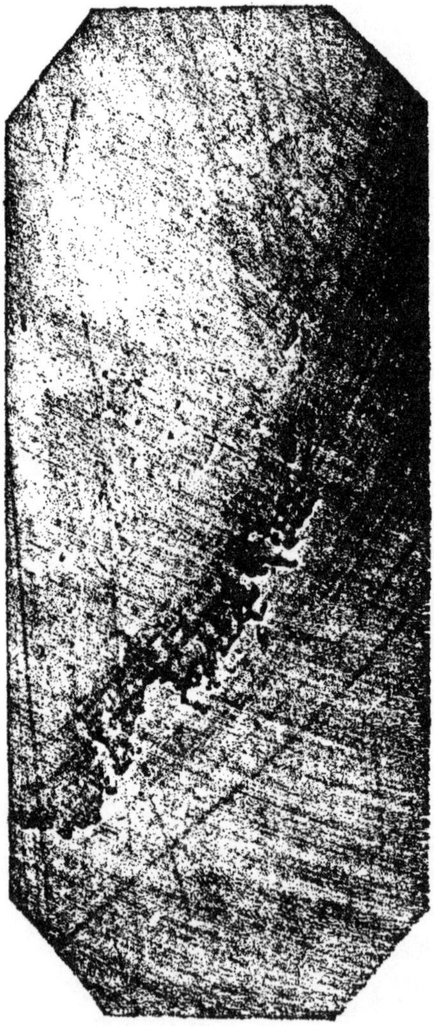

靈山大顛禪師傳 明縣志

林大春 邑人進士官提學副使

大顛俗姓陳氏實陳帝之裔世爲潁川人也開元末產於潮生而靈異齠歲卽遁棲雲林超然物外大曆中與藥山惟儼並事惠照禪師於西山之陽已復與之同遊南嶽參石頭希遷和尚得大無畏法唐貞元初師入羅浮瀑布巖居之寂然宴坐有暴客張遠凡者來遊謂師傲人不將不迎揮刀將傳之師神色自若引項當其鋒客擬之於再師語

之日若必及我是夙負命如不負公殘惡在汝容因惶愧悔謝伏拜而去五年歸潮陽六年開闢牛巖立庵以居蛇虺皆遁七年又於縣西幽嶺下置立禪院名曰靈山出入猛虎從之是時已大悟禪宗眞得曹溪之緒門人傳法者衆至千餘人因自號爲大顛和尚元和十四年刺史韓愈致書三請不赴其年愈以祈神至海次日造訪與語異焉久之會移袁州復留衣爲別其見重如此長慶四年

一月告辭大衆而逝年九十有三所著有般若波
羅蜜多心經及金剛經釋義又嘗自寫金剛經千
五百卷法華維摩經各三十部藏之山中墓塔在
靈山寺左師存日遺囑藏骸之後三年開塔門人
遵命啓視顏容如生髮爪俱長另封藏之至唐末
有發其窣堵而葺之者骨髀盡化惟一金盆淨水
內存舌根如生復瘞之號瘞舌塚宋至道中鄉人
又發視之惟古鑑一圓見師定影於鑑中衆咸異

之乃叠石藏之如故明洪武二年僧空山募緣重建種種莊嚴時縣令同鄉紳詣寺隨喜心不敬信又欲發視天日光熖倏然黑雲覆地雷聲霹靂戒懼乃止自玆無敢再發矣

惠照傳附　　林大春

惠照者本邑人也高僧大顛之師而曹溪之派也舊亡里氏唐大曆初歸自曹溪溪契南宗之旨常棲止西山精持戒律有詩名士林重焉其時又有澧州藥山釋曰惟儼者亦以童年妙悟度嶺入潮與大顛共事於惠照儼後遍走江湖間數十餘歲方歸藥山李翺刺朗州時每從之遊今世所傳其復性二書人謂多其宗旨葢卽惠照所傳也

靈山紀略明縣志　周光鎬進士官大理寺卿

靈山寺距臨崑山二十里地名塔口暠唐貞元七年僧大顛所創建者始大顛來自羅浮入邑之內界與其徒玄應智高等數十人開闢牛山作庵室居之所謂闢牛巖者至是年乃始移建茲寺長慶二年賜額爲護國禪院宋祥符五年僧覺然重建其年賜新譯成經二百七十八卷天聖七年奏改爲開善禪寺景佑元年邑人許申作記其文未盡

全錄國朝洪武二年僧空山又重建之正統景泰成化間鄉人蕭正四莊懋蕭景勵劉琪勇輩復相繼重脩之至正德末廢僅有新僧結室數椽以奉香火而已○按故老相傳大顛初作寺時由和平取道入山至下淋遇江因作飛橋以渡皆師神力飛來今呼其橋曰陳仙橋者是也橋西五里為寺中有東香一樹大合抱長數丈餘環寺前後有荔枝千餘皆大顛手植者大顛每以銅壺注水漑之

一壺遍及千樹壺至成化間猶存及宋僧覺然重建時復平其東壍五十餘丈徙惠陽松數百株植之自山門達於廣衢今存少許新苗惟寺前有水一泓其間有木半出泥中拔之不起浸之不爛咸謂大顛創寺時所需棟梁巨木俱從此水中出大顛以足促之輙行匠作取用不盡此其餘木三根似品大滿三尺好事者往往入水摸索或斲其少許持示予色如沉東聞之有香自唐至今八百餘

年逢師誕日鄉紳士女求取不竭又寺內舊有石槽一具濶有丈餘是師神運石色猶白如新琢然者葢其異如此寺舊亦有巨鐘一口今鳴於郡譙樓者是

與駱侍御書　　孤山法師

浮圖之法非古也其來于東漢乎其爲體也清淨其爲用也仁恕由是七六家十九流焉爲利于上下救弊于孔老其亦至矣請揚搉而陳之夫秦火六經漢興雜霸民澆俗漓爭奪方熾禮讓寖微則仲尼之仁義伯陽之道德或幾乎息矣賴我浮圖之爲訓也既以三世報應制其事復明一心空寂窮其理民有聞報應之說者雖貪殘鄙悋之夫亦

庶乎賑之周急矣民有聞空寂之說者雖矜功用
壯之夫亦庶乎守雌保弱矣能周賑則博濟之道
行善保守則樸素之風還博濟行則禮讓著樸素
行則刑罰措以斯而利于民則仲尼伯陽之道不
違而復矣故曰爲利于上下救弊於孔老焉洎乎
時君好之失其旨方袍事之違其道失其旨則節
制不行違其道則寂默不守乃以彫峻輪奐而奢
夸乃以輕肥溫飽而煒燁徒以多爲貴則壞其道

者衆矣言以怪爲美則惑其聽者庶矣遞相沿襲寖以成俗使夫清淨仁恕之風無乃蕩盡於是蠶食蠹耗之謗自茲而生斯乃好之者事之者之不善耳非教之罪也而往世君民不察其所由視其徒之不肖而遷怒于善人教法者有焉往往造毀佛之律行挾釋之誅亦何異乎以丹朱而罪堯因商均而咎舜服藥過度而歸過于神農縱火致焚而反怨于燧人也耶

佛道論衡

任道琳

周高祖言佛法無益于世欲滅除之任道琳奏曰理深語大非近情所測義遠事高寧小機可辯豈以一世之局見而拒久遠之通議封迷勿悟不亦過乎是以佛理極于法界敎體通于內外談行自他俱益辯果常樂無爲樹德恩隆天地授道廣利無邊見奇則神通自在布化則萬國同歸救度則怨親等濟慈愛則有識無傷戒除外惡定止心非

慧照古今智窮萬物〻若家家行此則民無不治國

國修之則兵戈無用今離不行何處求益

道琳書

慧照古今智窮萬物〻若家家行此則民無不治國
國修之則兵戈無用今離不行何處求益

道琳書

續原教論節文

沈士榮

人之爲類不同故聖人之教不一此教之迹所以異也然爲善不同同歸於治窮其至妙不出一心此教之理所以同也此心也此理也天下未嘗有異也跡之雖異若推而極之必當致其同也

若得本莫忘末不爲迹之所惑研窮心性之原直趨至善之地則殊途同歸無有彼此之門矣

是心也變而不動死而不滅斯理之明昭如皎日

且安得而自蔽歟若人識此心悟此理在儒爲眞儒在僧爲聖僧矣心昏理迷莫知所生本之旣失諍論復何益哉

儒者志在排佛故作人死斷滅之說以破生死輪廻之論不知反違周孔聖人之意甚則撥無因果廢滅天理以造物歸於無知善惡皆無果報至仁夭暴壽敬愼蒙禍淫佚獲福小人傲倖君子無辜不明前因曲爲之說理則不通障正知見惑亦甚

焉
自漢以來經書迭出究其指歸誠所謂窮心性原入至善之地者也又非但文字而已至如日月雲霞飛潛動植色聲香味而咸臻妙理此敎之體也得失違順生死苦樂事物遷流而常住眞性此敎之相也文音語默食作動息威儀典章而隨機普應此敎之用也具是三者其道大行矣孰能排而毀之拒而絕之乎智者體吾佛之理觀孔聖之道

性理之學益加詳焉而勸善戒惡之文尤爲緊切大有功于名教豈可自生違背蔽吾心之良知也哉

觀心解略

心該萬法法徹心源至理難知觀心斯得故世尊初成正覺嘆曰奇哉我今普見一切衆生俱有如來智慧德相但以妄想執着而不能證得蓋人由迷此心體不知反求外爲六塵所惑內生沉掉二病是以局促無知偏僻異見唯佛如來返觀此心

頓悟本性成等正覺故于世間無量百千法門出世間無量百千法門莫不洞明無碍廓徹無違故號三界大師十方慈父今儒者尚不自識本心豈能以心觀物哉

葢不識自心則其本已失安能觀物明理哉

虞書人心惟危道心惟微惟精惟一允執厥中者此心學之源也人心妄想也由執着顛倒故危道心天理也非思議之所能及故精微者不昧一者

不雜由無思故不昧無爲故不雜乃能盡其至誠
固守此中道也中着卽中庸之中在心而不在物
在內而不在外子思所謂喜怒哀樂未發着是也
子思但以情識未動卽是中義與吾佛一念無生
之理相近止欠悟耳儒者釋中曰不偏不倚無過
不及已發中節之和也便違子思之意矣蓋喜怒
哀樂未發之時無有形相可見豈有偏倚過與不
及之事乎

彼既不知觀心之妙徒欲以徧計之忘心觀物以窮理譬如塵鏡未磨水漩未止擬求鑒物未之有也自不知此理在內惟務外求故學解益多去道愈遠矣

一日觀心證理則天下萬物萬事之理皆貫通焉夫子亦曰一日克巳復禮天下歸仁焉則亦求其在內者矣

內教外教辯畧

敎有內外不同故造理有淺深之異求之于內心性是也求之於外學解是也故心通則萬法俱融著相則目前自昧嗚呼外求之失斯爲甚矣今儒學之蔽浮華者固以詞章爲事純實者亦不過以文義爲宗其視心學則皆罔然也宋之大儒深知其病又云吾心上工夫爲有本是當敦本抑末以斥其言語文字之非可也何自爲矛盾歟

昔聖人皆以內學爲本而推其用于外後世文儒

務外遂不知有心學之源乃以學解爲事惟宋河南之學始言性理而有實踐之跡然但知心之用而不究心之體遂不知養未發之中又昧太極之理在兩儀未判之先或以物理爲性理故本末體用于是乎不明而堯舜周孔之道微矣悟則謂之內解則謂之外此內敎外敎所以不同也儒者專用力于外凡知解所不能及者不復窮究故不知允執厥中之道天理流行之處皆在思慮不起物

欲淨盡之時履踐雖專終不入聖人之域矣

作用是性解畧

大覺無思乃徧知于法界識情有著徒妄起于塵勞佛與衆生本同一體但因迷悟見有殊途佛性只在眼耳鼻舌之間妙用不離見聞覺知之際直是一塵不受一法不舍名爲眞至道場頓見本來面目

經云如我按指海印發光汝暫舉心塵勞先起若

無心體會則森羅萬象一鑑昭然此按指發光所謂一念不生全體現也若說是性卽是認著影子使毫釐繫念瞥爾情生業相宛然仍前迷倒此舉心塵起所謂六根纔動被雲遮也到此着力不得三代而上未有佛可名惟聖帝繼天立極推本于天言人得此明覺之理于天故曰天命之謂性性者言人皆以此明覺爲體也率依此覺性而常不昧謂之道脩者卽養其喜怒哀樂未發之中也中

者私欲未起之時純乎天理者也私欲未起則無思無爲寂然不動寂者誠也至誠無息故曰道不可須臾離也繼之以戒謹恐懼不覩不聞之際不使隱微之惑動皆是養此未發之中常覺不昧故發爲中節之和則仁義禮智不待思而中矣斯所以爲教後章言誠者寂也明者覺也寂而覺曰天之道覺而寂曰人之道皆修道之義也

聖人得此理乃立世間治教之法吾佛得此理乃

立世間出世間解脱之法儒門但明天人之道吾佛則明四聖六凡之道若盡天人之道則可以趨佛道矣其於性理不明則天人之理有所不明又安能究佛氏之理乎

居士建安人洪武中爲翰林待詔識遠材全深達法相議論縱橫放肆剖發幽翳直明心宗而詞旨猶善巧精妙其曰續原教可謂克纘鐔津之緒者矣

後序

讀韓子原道原性原人原鬼通解等篇可謂真律而窮理盡性者也排佛雖未當其氣岸可取維摩經云謗於佛毀於法不入衆數佛門早自道了也百丈云說穢法邊垢揀凡說淨法邊垢揀聖惜韓子不知耳若夫雲門之打臨濟之殺德山之呵罵是何等境界則又非韓子之所知也然和歸工部送僧云早知皆是自拘因不學園循到白頭汝既

出家還擾擾誰能更何死前休嗟乎韓子豈非求道之真而用心之切者乎今時緇徒遍天下恐未嘗有韓子之研究根源無問其到維摩百丈臨濟德山之見處用處也語云善學柳下惠莫如魯男子仲尼日月毘盧心印修武殆欲兼得而未之或及也耶抑已得而現太闡提即世諦顯第一義諦耶推證乃知難可測耳女孥壙銘正情鍾我輩之意當與道元男婚女嫁同科特其無姊妹適人恐

落情见故須道破如公之于大顛處何等至切當
有三十棒其話始圓具眼者辨取
昔
康熙乙亥九月廿七日江陵釋本果碩堂題

跋

編集昌黎大顛之說以正弘名者何耶佛氏之學不過八正而已傳曰人能弘道惟道觸目非隱而蔽于妄想執着苟非其人弘之甚難世出世間一切諸法莫不俱有邪正詞而闢之撥而反之豈易事哉非昌黎則不有大顛非大顛則不有昌黎觀其所以然大非偶然者也世有見昌黎像者說歐陽永叔渾然似之倘亦夙願重來激揚此道乎復

取本論中下合刻之區別古今之謂儒需人之謂儒需者不躁妄而從容乎禮法者也真儒達道者號曰理學異哉韓歐程三老只遵孔教不問佛爲何人不讀其書不究其理一味横闢硬排斯豈恒情可測要在後世學子優柔玩繹而自求得之耳

歲在柟蒙赤奮若中秋前二日果山僧書于報恩方丈